Liebe Leserin, lieber Leser!

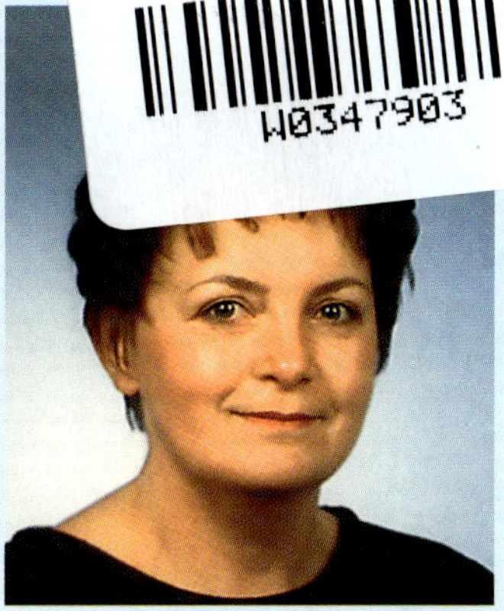

Bastelfreunde aufgepasst! Jetzt bekommen unscheinbare Holzklammern ein neues Aussehen und das ganz einfach: mit bunten Farben, Stiften, farbigen Tonkartons und Papieren. Natürlich behalten sie dabei auch ihre eigentliche, praktische Funktion und klemmen nach dem Basteln an Geschenken und Dekorationen.
Neben den üblichen Wäscheklammern aus Buchenholz bietet der Fachhandel eine Vielzahl unterschiedlicher Klammergrößen an. Von der Mini-Klammer bis zur Riesen-Klammer sind im vorliegenden Band alle Modelle vertreten.
In diesem Büchlein stelle ich Ihnen Klammer-Ideen zu vielen besonderen Anlässen wie Hochzeit, Geburt, Geburtstag, Ostern, Halloween, Weihnachten und Silvester vor, die Sie mit den dazugehörigen Vorlagen schnell und einfach nacharbeiten können.

Ich wünsche Ihnen viel Spaß beim Basteln und Klemmen!

Ihre

Petra Bauberger

Inhaltsverzeichnis

UHU
kraft
alleskleber
Decormatt
mat
mate
DECOpainter
DECOpainter
DECOpainter

Vorlagen übertragen

Grundmaterial

- *Tonkarton*
- *Tonpapier*
- *Transparentpapier*
- *Bleistift HB und H2*
- *Schere, Silhouettenschere*
- *Klebstoff, evtl. Klebefilm*

1. Transparentpapier auf die gewünschte Vorlage auf dem Vorlagenbogen legen. Damit das Transparentpapier nicht verrutscht, kann man es mit Klebefilm auf der Vorlage fixieren. Nun die Linien der Motivteile mit dem Bleistift HB nachzeichnen. Dann auf der Rückseite des Transparentpapiers nochmals alle Linien mit dem Bleistift HB nachfahren. Das Transparentpapier mit der Rückseite nach unten auf das Werkmaterial (Tonkarton, Tonpapier) legen. Zum Übertragen der Motive noch einmal alle Linien mit dem Bleistift H2 mit leichtem Druck nachziehen.

2. Die übertragenen Motive sauber ausschneiden. Für besonders kleine Motive am besten eine Silhouettenschere verwenden.

3. Zum Schluss die Motivteile nach Anleitung zunächst zusammensetzen oder direkt auf die Klammer kleben.

Tipp: *Da die Motive sehr klein sind, malen Sie die Gesichter auf dem Tonkarton am besten mit einem Feinliner auf.*

Befestigung der Arme

Grundmaterial

- *1 Holzklammer*
- *Marabu-BasicColor-Farben*
- *Pinsel*
- *2 Wattekugeln*
- *Zahnstocher*
- *Chenilledraht*
- *Lineal, Farbstift*
- *Schere oder Seitenschneider*
- *Heißklebepistole*

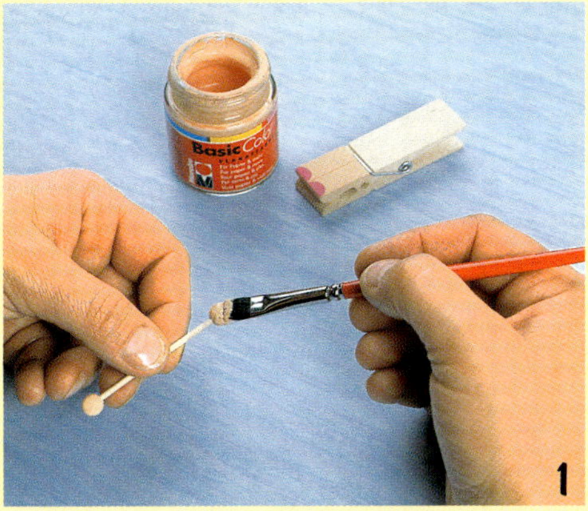
1

1. Die untere Vorderseite der Klammer bemalen. Die Beinlinie mit dem Farbstift entlang des Lineals ziehen, die Schuhe aufmalen. Die Wattekugeln auf Zahnstocher stecken und bemalen. Alles gut trocknen lassen.

2

2. Den Chenilledraht auf richtige Länge schneiden. Auf die Mitte des Drahtes etwas Heißkleber geben. Den Draht sogleich hinter der vorderen Klammernhälfte fixieren.

3. Auf die Drahtenden jeweils einen Klecks Heißkleber geben und sogleich die Wattekugeln aufstecken.

3

Tipp: *Sie können den Chenilledraht sowie Blumen- und Basteldraht auch spiralartig formen, indem Sie den Draht gleichmäßig um eine Stricknadel oder einen Schaschlikspieß wickeln. Den Draht dann abziehen, etwas dehnen und auf die gewünschte Länge kürzen.*

Familien-Memo-Klemmis

1. Die Holzhände hautfarben bemalen und trocknen lassen. Die Wattekugeln auf Zahnstocher stecken. Die Wattekugeln und die Spitze des Wattestäbchens hautfarben bemalen und trocknen lassen.

2. Die Figuren nach Vorlage und Abbildung bemalen. Für helles Grün Gelb und Gelbgrün, für unterschiedliche Blautöne Mittel- und Zartblau, für Rosa Zartrosa und Azalee mischen. Für gelbe und orangefarbene Punkte Farbe auf die Spitze eines Wattestäbchens pinseln und damit Punkte auf die Klammern stempeln.

3. Augen mit der Pinselstielspitze aufsetzen. Den Mund mit dem feinen Pinsel aufmalen. Bei Mutter und Tochter in Rot, bei Vater und Sohn in Schwarz, bei Baby in Rosa. Mundwinkel mit einem Punkt abschließen. Nach dem Trocknen die Bäckchen mit Farbstift betonen. Wattekugelnasen aufkleben. Für Baby eine Wattestäbchenspitze abschneiden und aufkleben. Ohren nach Vorlage aus Tonkarton fertigen. Klebelasche falzen und knicken. Die Ohren seitlich an die Klammern kleben.

4. Für die Arme Chenilledraht spiralartig formen (siehe Tipp auf Seite 5). Arme mit einem Klecks Heißkleber zwischen die Klammernhälften kleben. Arme nach Wunsch kürzen. Holzhände und Holzperlen mit Kraftkleber aufstecken. Baby mit Heißkleber auf Mutter kleben. Deren Hände mit Heißkleber auf Baby fixieren.

5. Für die Haare jeweils ein paar Jutefäden aus dem Band lösen und mit Draht abbinden. Haare zwischen die Klammernhälften kleben. Magnete mit Heißkleber auf den Klammernrückseiten fixieren. Weißes Tonpapier mit Filzstiften beschriften. Kleine Schildchen zuschneiden und mit Mini-Klammern anklemmen oder mit Klebstoff auf den Händen fixieren.

Material

- *2 Riesen-Holzklammern, 150 mm (Eltern)*
- *2 Holzklammern, 72 x 20 mm (Kinder)*
- *1 Mini-Holzklammer, 45 x 13 mm (Baby)*
- *1 Mini-Holzklammer, 25 mm*
- *4 Holzhände mit Armansatz, 18 mm*
- *2 Wattekugeln, Ø 10 mm (Nase Eltern)*
- *2 Wattekugeln, Ø 8 mm (Nase Kinder)*
- *1 Wattestäbchen (Nase Baby), Zahnstocher*
- *Marabu-Decormatt Acryl in Hautfarbe, Schwarz, Kirschrot, Mittelgelb, Orange, Gelbgrün, Azalee, Zartrosa, Mittelblau, Zartblau*
- *Pinsel Nr. 8 und Nr. 0*
- *Farbstift in Rot*
- *Tonkarton in Hautfarbe*
- *Chenilledraht, Ø 6 mm, in Goldgelb, Orange, Hellblau, Blau, Rosa*
- *Stricknadel*
- *4 Holzperlen, Ø 8 mm (Hände Kinder)*
- *2 Holzperlen, Ø 4 mm (Hände Baby)*
- *Juteband, 8 cm breit (Meterware)*
- *dünner Basteldraht*
- *4 Magnete, rund, Ø 20 mm*
- *Tonpapier in Weiß*
- *Filzstifte in Orange, Pink, Hellblau, Hellgrün*
- *Transparentpapier, Bleistift, Lineal*
- *Schere, Klebstoff, Heißklebepistole*

Vorlage 1

GUTSCHEIN!
50791
Eintrittskarte
Preis siehe Anschlag
PAPA
JULIA
Einkaufen
- Butter
- Milch
- Brot
- Käse
MAMA
Christina aurufen
LEO

Herzensangelegenheiten

1. Die Holzklammern auseinander bauen und rot bemalen. Trocknen lassen. Die Klammern wieder zusammensetzen. Die kleinen Holzherzen auf die Mini-Klammern kleben.

2. Nach Vorlage 2 a zwei Herzen auf roten und einen Zylinder auf schwarzen Tonkarton übertragen und ausschneiden. Mit dem Feinliner den Mund aufmalen. Den Zylinder aufkleben. Die Halbperlen mit Kraftkleber aufkleben. Die Herzen auf die Klammern kleben.

3. Den dünnen Draht spiralförmig gestalten (siehe Tipp auf Seite 5) und mit Heißkleber hinter den Zylinder und das Herz kleben. Mit dem Motivlocher kleine Herzen aus rotem Tonpapier stanzen. Die Herzchen mit Heißkleber auf die Drahtenden kleben.

4. Für die Arme pro Herz zwei Stücke vom Blumendraht spiralartig formen. Die Arme mit Heißkleber von hinten gegen die Herzen kleben. Auf die Enden die Holzperlen mit Heißkleber aufstecken.

5. Aus rotem Tonkarton und weißem Tonpapier die Schildchen (Vorlage 2 b) zuschneiden und aufeinander kleben, beschriften und auf der Klammer befestigen. Der Schriftzug kann natürlich auch fotokopiert werden. Die Hände mit Heißkleber auf dem Schildchen fixieren.

6. Die Herz-Mann-Klammer an eine Rose klemmen. Auf dem Geschenkpäckchen eine (Kunst-)Rose mit Klebekissen fixieren. Die Herz-Frau und die Mini-Herz-Klammern daran klemmen.

Material

- *2 Holzklammern, 72 x 8 mm*
- *2 Mini-Holzklammern, rot gefärbt, 25 mm*
- *2 Holzherzchen (Streuteile)*
- *Marabu-Decormatt Acryl in Kirschrot*
- *Pinsel Nr. 8*
- *Tonkarton in Rot und Schwarz*
- *Tonpapier in Rot und Weiß*
- *Feinliner in Schwarz*
- *Filzstift in Schwarz*
- *4 Halbperlen in Schwarz, Ø 3 mm*
- *dünner Basteldraht*
- *Blumendraht, 0,5 mm*
- *Stricknadel*
- *4 Holzperlen in Rot, Ø 8 mm*
- *Motivlocher „Kleines Herz"*
- *Transparentpapier*
- *Bleistift, Schere*
- *2 (Kunst-)Rosen*
- *Klebstoff, Kraftkleber*
- *Heißklebepistole, Klebekissen*

Vorlage 2

Für Dich !

Per Elfentraum ins Glück zu zweit

1. Die Klammern auseinander nehmen und mit Rosa und Hellgrün bemalen. Für das helle Grün die Farben Zitron und Gelbgrün miteinander mischen. Trocknen lassen. Die Klammern wieder zusammensetzen. Die Holzplatinen und Wattekugeln hautfarben bemalen. Trocknen lassen.

2. Die Augen mit der schwarzen Farbe und der Stricknadel aufsetzen. Den Mund mit dem feinen Pinsel in Rosa aufmalen. Die Wattekugel-Nasen aufkleben. Die Bäckchen mit dem Farbstift betonen. Die Köpfe vorerst beiseite legen.

3. Für die Arme pro Elfe eine Spirale aus Blumendraht fertigen (siehe Tipp auf Seite 5) und mit Heißkleber hinter den vorderen Klammernflügel kleben. Die Wachsperlen mit Heißkleber aufstecken. Den Draht in die gewünschte Position biegen und die Röschen mit Heißkleber fixieren.

4. Die Flügel pro Elfe zweimal aus dem Transparentpapier fertigen (siehe Vorlage 3 a).

5. Die Flügel leicht überlappend aufeinander kleben. Danach auf den hinteren Klammernflügel kleben.

6. Für die Brautelfe den Kragen und die Krone (nach Vorlagen 3 b, 3 c) aus rosafarbenem Tonkarton fertigen. Dabei den Kragen mit der Konturenschere ausschneiden. Den Kragen auf die Klammer kleben. Die Krone hinter die Platine, den Kopf auf die Klammer kleben. Auf die Kronenspitzen die goldenen Perlen kleben.

7. Den Kopf des Bräutigams auf die Klammer kleben. Den Zylinder mit Heißkleber fixieren. Die Schleife aus Tonpapier stanzen und auf die Klammer kleben.

8. Aus dem Basteldraht pro Elfe zwei Fühler gestalten und hinter dem Kopf mit Heißkleber fixieren. Die goldenen Perlen mit Heißkleber aufstecken.

Material

- *2 Holzklammern, 72 x 8 mm*
- *2 Holzplatinen, gewölbt, Ø 30 mm*
- *2 Wattekugeln, Ø 8 mm, Zahnstocher*
- *Marabu-Decormatt Acryl in Hautfarbe, Zartrosa, Zitron, Gelbgrün, Schwarz*
- *Pinsel Nr. 8, Farbstift in Rosa*
- *Transparentpapier Primavera „Milano" in Lavendel und Pistaziengrün*
- *Tonkarton in Hellrosa*
- *Tonpapier in Schwarz*
- *Blumendraht (Arme)*
- *dünner Basteldraht (Fühler)*
- *Stricknadel*
- *4 Wachsperlen, Ø 8 mm*
- *7 Goldperlen, Ø 3 mm*
- *Mini-Röschen, Mini-Zylinder, 10 mm*
- *Motivlocher „Große Schleife"*
- *Transparentpapier*
- *Bleistift, Schere, Konturenschere*
- *Klebstoff, Heißklebepistole*

Vorlage 3

2002
50

Gewindelte Baby-Girls und Baby-Boys

1. Die Vorderseite der Klammern rosa und hellblau bemalen. Trocknen lassen.

2. Die Wattekugeln auf Zahnstocher stecken und hautfarben bemalen. Wiederum gut trocknen lassen.

3. Die Köpfe nach Vorlage 4 a aus Tonkarton fertigen. Siehe dazu Grundkurs auf Seite 4. Mit dem Bürolocher die Nasen aus Tonkarton stanzen und aufkleben.

4. Mit dem Feinliner Augen und Mund aufmalen. Die Bäckchen mit dem roten Farbstift betonen.

5. Aus dem Juteband einige Fasern lösen, kürzen und als Haare hinter die Köpfe kleben.

6. Die Bänder des Lätzchens abschneiden. Das Lätzchen auf die Klammer kleben. Pro Kopf ein Klebekissen in der Mitte teilen, übereinander und auf die Klammer kleben. Die Köpfe darauf fixieren.

7. Den Chenilledraht spiralförmig gestalten (siehe Tipp auf Seite 5) und mit Heißkleber zwischen die Klammernflügel kleben.

8. Die Wattekugeln mit Kleber auf die Drahtenden stecken. Die Rasseln mit Heißkleber fixieren.

9. Einen Geldschein in der Mitte falten. Anschließend den Schein nochmals in der Mitte falten. Zuletzt den Schein an beiden Seiten zur Mitte hin falten, siehe auch verkleinertes Faltmuster auf dem Vorlagenbogen (Vorlage 4 b).

10. Den Geldschein – quasi als Windel – in die Klammer klemmen oder um den unteren Teil des vorderen Klammernflügels herumwickeln.

Material

- *2 Holzklammern, 72 x 20 mm*
- *4 Wattekugeln, Ø 10 mm*
- *Zahnstocher*
- *Marabu-Decormatt Acryl in Hautfarbe, Zartrosa, Zartblau*
- *Pinsel Nr. 8*
- *Tonkarton in Hautfarbe*
- *Feinliner in Schwarz*
- *Farbstift in Rot*
- *Juteband in Natur, 8 cm breit*
- *Chenilledraht in Rosa und Hellblau, Ø 6 mm*
- *1 Baby-Girl-Lätzchen*
- *1 Baby-Boy-Lätzchen*
- *2 Mini-Rasseln*
- *Transparentpapier*
- *Bleistift, Schere*
- *Bürolocher oder Lochzange*
- *2 Klebekissen*
- *Klebstoff, Heißklebepistole*
- *2 Geldscheine*

Vorlage 4

NUK

Fröhliche Eierlieferanten

1. Für das Huhn die Klammer orange bemalen. Flügel und Kopf aus Tonkarton, Schnabel und Kamm aus Tonpapier fertigen. Den Schnabel auf den Kopf, den Kamm von hinten gegen den Kopf kleben.

2. Gelbe Punkte auf Klammer und Flügel setzen. Flügel zwischen die Klammernteile, den Kopf auf die Klammer kleben. Schnabellinie und Augen aufzeichnen. Aus mehreren Jutefäden eine kleine Schleife binden und mit Heißkleber befestigen.

3. Holzeier mit Heißkleber auf Mini-Klammern fixieren, diese an Flügel klemmen.

4. Für die Hasen unteres Klammernteil und Wattekugeln sandfarben bemalen. Oberes Klammernteil orange und hellgrün bemalen, Punkte aufsetzen. Kopf und Füße aus Tonkarton fertigen.

5. Ohrinnenteile und Fußballen aus Tonpapier fertigen und auf Kopf und Füße kleben. Mit Feinliner das Gesicht aufmalen, Bäckchen mit Farbstift betonen. Kopf und Füße auf die Klammer kleben. Für die Haare ein paar Jutefäden von hinten gegen den Kopf kleben. Chenilledraht pro Figur auf 11 cm kürzen und mit Heißkleber von hinten gegen vorderes Klammernteil kleben.

6. Wattekugeln mit Klebstoff auf Drahtenden stecken. Die Arme in Form biegen. Möhre und Hände des Möhrenträgers mit Heißkleber fixieren. Schildchen vom Vorlagenbogen fotokopieren, auf weißen Tonkarton kleben und ausschneiden. Punkte mit Stift aufsetzen. Zum Schluss das Schild auf die Wattekugel kleben.

Material

- *3 Holzklammern, 72 x 8 mm*
- *2 Mini-Holzklammern, gelb gefärbt, 25 mm*
- *2 Holzeier, halbiert, 1,8 mm (Streuteile)*
- *Marabu-Decormatt Acryl in Sand, Pinsel Nr. 6*
- *4 Wattekugeln, Ø 8 mm, Zahnstocher*
- *Marabu-Deco Painter (1-2 mm) in Orange, Hellgrün, Rosa, Gelb*
- *Tonkarton in Hellbraun, Orange, Weiß*
- *Tonpapier in Hautfarbe, Goldgelb, Hellrot*
- *Feinliner in Schwarz, Farbstift in Rot*
- *Chenilledraht in Beige, Ø 6 mm*
- *Juteband in Natur, 8 cm breit (Meterware)*
- *Mini-Mohrrübe*
- *Transparentpapier, Bleistift, Schere*
- *Klebstoff, Heißklebepistole*

Vorlage 5

FROHE
OSTERN

Lustige Geburtstags-Clowns

1. Die Hosenteile auf den beiden Klammern gelb und orange bemalen. Den Kopf aus hautfarbenem Tonkarton, die Haare und die Nase aus rotem Tonpapier fertigen, alles nach Vorlage (6 a). Die Haare von hinten am Kopf befestigen. Die Nase auf das Gesicht kleben. Mit dem Feinliner den Mund und die Augen aufmalen. Die Bäckchen mit dem Farbstift betonen.

2. Den Kragen aus Regenbogen-Karton, Hemd und Hut aus Pünktchen-Karton fertigen. Hut auf Gesicht, Gesicht auf Kragen kleben. Den Kragen mit Klebstoff auf dem Hemd befestigen. Das Hemd auf die Klammer kleben. Die Pompons auf dem Hut und am Hemd anbringen.

3. Den Chenilledraht spiralförmig gestalten (siehe Tipp auf Seite 5). Den Draht mit Heißkleber zwischen die Klammernhälften kleben. Die Holzperlen mit Kleber aufstecken. Den Blumendraht spiralförmig gestalten und in der Perlenöffnung je einer Clownhand mit Heißkleber fixieren. Die Buchstaben und eine der kleinen Blüten (siehe Punkt 7) mit Heißkleber auf je einem Draht fixieren.

4. Ein Geschenkpäckchen mit Schleife aus Geschenkband schmücken. Darin einen gekürzten Zahnstocher mit Heißkleber fixieren und den Clown daran festklemmen.

5. Für die Blumenwiese einen Streifen mit Grünanteil aus Regenbogen-Karton 4,5 x 30 cm groß zuschneiden. Zum Schneiden der oberen Längskante die Konturenschere benutzen. Den Karton in drei Segmente von 10 cm unterteilen und diese, mit einer Stricknadel am Lineal entlangziehend, falzen und knicken.

6. Die Blüten gemäß Vorlage 6 b und Abbildung aus gelbem und orangefarbenem Papier fertigen und aufeinander kleben. Für die kleinen Blüten eignet sich Tonpapier, für die großen Tonkarton. Die Blüten auf die Klammern kleben und diese an der Wiese festklemmen.

Material

- *2 Holzklammern, 72 x 20 mm*
- *Mini-Holzklammern, grün gefärbt, 25 mm*
- *Mini-Holzklammern, grün gefärbt, 45 x 7 mm*
- *Marabu-Decormatt Acryl in Mittelgelb, Orange*
- *Pinsel Nr. 6*
- *Tonkarton in Hautfarbe, Orange, Gelb*
- *Tonpapier in Hellrot, Gelb, Orange*
- *Pünktchen-Tonkarton in Orange-Gelb*
- *Regenbogen-Tonkarton*
- *Tonkarton-Buchstaben in Rot*
- *Feinliner in Schwarz, Farbstift in Rot*
- *Chenilledraht in Gelb, Ø 9 mm*
- *Stricknadel*
- *4 Holzperlen, 12 mm*
- *6 Mini-Pompons in Rot*
- *Blumendraht, Transparentpapier*
- *Bleistift, Lineal, Schere*
- *Wellen-Konturenschere*
- *Klebstoff, Heißklebepistole*
- *Geschenkpäckchen, -band, Zahnstocher*

Vorlage 6

TOM

Geburtstags-Glückskäfer

1. Holzplatinen für beide Käfer hautfarben bemalen und trocknen lassen. Wattekugeln auf Zahnstocher stecken und rot bemalen. Trocknen lassen. „Häubchen" und Mund aufmalen. Mit Farbstift Bäckchen betonen. Mit schwarzem Stift Augenpunkte und Mundwinkel aufsetzen. Sommersprossen des großen Käfers mit Zahnstocherspitze in Sand aufsetzen. Wattekugeln aufkleben.

2. Großer Käfer (7 a): Klammer weiß und schwarz, Holzhände rot bemalen. Trocknen lassen. Chenilledraht auf 14 cm kürzen und mit Heißkleber zwischen die Klammernflügel kleben. Holzhände fixieren. Den Kopf auf die Klammer, „Knöpfe" auf die Brust kleben. Fühler aus dünnem Basteldraht spiralförmig (siehe Tipp auf Seite 5) herstellen und mit Heißkleber hinter dem Kopf fixieren. Holzperlen mit Heißkleber auf Drahtenden stecken.

3. Flügelteil nach Vorlage 7 a aus Tonkarton, Punkte aus Tonpapier fertigen. Punkte auf Flügel kleben, diesen von hinten gegen die Klammer kleben. Geldschein zur Ziehharmonika falten und mit Chenilledraht mittig abbinden. Drahtenden ineinander verdrillen. Die Fliege mit einem Klecks Kleber auf die Klammer kleben.

4. Schildchen (7 c) aus Tonkarton und Tonpapier fertigen und aufeinander kleben, dann beschriften. Die Hände mit Heißkleber auf dem Schildchen fixieren.

5. Kleiner Käfer (7 b): Klammer schwarz bemalen und trocknen lassen. Flügel fertigen und aufkleben. Kopf aufkleben. Fühler aus dünnem Basteldraht und roten Perlen herstellen und hinter den Kopf kleben. Für Beine Blumendraht spiralförmig gestalten und daraus drei Drahtteile schneiden. Auf die Drahtenden schwarze Holzperlen mit Heißkleber stecken. Beine zwischen den Klammernteilen mit Heißkleber fixieren.

6. Marienkäfer-Streuteile auf grüne Mini-Klammern kleben. Dann nach Belieben anklemmen, z. B. auch als Schildhalter.

Material

- *1 Riesen-Holzklammer, 152 x 35 mm*
- *1 Holzklammer, 72 x 20 mm*
- *2 Mini-Holzklammern, grün gefärbt, 25 mm*
- *1 Holzplatine, gewölbt, Ø 50 mm*
- *1 Holzplatine, gewölbt, Ø 30 mm*
- *2 Holzhände mit Armansatz, 18 mm*
- *2 Wattekugeln, Ø 8 mm und Ø 10 mm*
- *Marabu-Decormatt Acryl in Weiß, Schwarz, Kirschrot, Sand, Hautfarbe*
- *Pinsel Nr. 8 und Nr. 0, Zahnstocher*
- *Marabu-Deco Painter in Schwarz*
- *Farbstift in Rot, Stricknadel*
- *Chenilledraht in Schwarz, Ø 9 mm*
- *je 2 Holzperlen in Rot, Ø 8 und 6 mm*
- *3 Holzperlen in Schwarz, Ø 6 mm*
- *3 Holzperlen in Rot, Ø 3 mm (Knöpfe)*
- *Blumendraht, dünner Basteldraht*
- *2 Mini-Marienkäfer (Streuteile)*
- *Tonpapier in Schwarz und Weiß*
- *Tonkarton in Rot, Filzstift in Rot*
- *Transparentpapier, Bleistift, Schere*
- *Klebstoff, Heißklebepistole, Geldschein*

Vorlage 7

HAPPY
BIRTHDAY

Hilfreiche Schutzengelchen

1. Die untere Vorderseite der Klammern hautfarben bemalen und trocknen lassen. Die Beinlinie mit dem Farbstift, entlang des Lineals, aufzeichnen. Die Schuhe rosa und blau aufmalen.

2. Die Wattekugeln auf Pinselstiele oder Zahnstocher stecken und hautfarben bemalen. Trocknen lassen.

3. Nach Vorlage 8 a die Kleidchen aus gestreiftem, die Köpfe aus hautfarbenem und die Flügel aus gelbem Tonkarton schneiden.

4. Die Haare nach Vorlage aus orangefarbenem Tonpapier schneiden und hinter die Köpfe kleben. Augen, Nase und Mund mit dem Feinliner aufmalen. Die Bäckchen mit dem Farbstift betonen.

5. Das Kleidchen auf die Klammer kleben. Den Kopf mit einem Klebekissen auf dem Kleid fixieren. Die Flügel auf die hintere Klammernhälfte kleben.

6. Den Chenilledraht auf 10 cm kürzen und von hinten gegen die vordere Klammernhälfte kleben. Die Wattekugeln mit etwas Kleber auf die Drahtenden stecken. Die Arme in Form biegen.

7. Die Schildchen aus gestreiftem Tonkarton zuschneiden. Dazu die äußeren Rahmen der Schriftzug-Vorlagen (8 b) nehmen.

8. Die Schriftvorlagen fotokopieren und zuschneiden. Zum Schneiden den Cutter und das Lineal verwenden.

9. Die ausgeschnittenen Schriftvorlagen auf die Tonkartonschildchen kleben. Die Schildchen zwischen die Klammern klemmen.

Material

- *2 Holzklammern, 72 x 20 mm*
- *Marabu-BasicColor in Hautfarbe, Rosa, Azurblau*
- *Pinsel Nr. 6*
- *Tonkarton, gestreift*
- *Tonkarton in Hautfarbe und Goldgelb*
- *Tonpapier in Orange*
- *Feinliner in Schwarz*
- *Farbstift in Hellbraun, Rot, Orange*
- *Chenilledraht in Orange, Ø 6 mm*
- *4 Wattekugeln, Ø 8 mm*
- *4 Zahnstocher oder Pinsel*
- *Transparentpapier*
- *Bleistift, Lineal*
- *Cutter, Schere*
- *Klebstoff*
- *Klebekissen, Heißklebepistole*

Vorlage 8

Gute Besserung!
Alles Gute!

Baumgeister zu Halloween

1. Die Klammern auseinander nehmen und schwarz bemalen. Trocknen lassen. Die Klammern wieder zusammensetzen.

2. Für die Fledermäuse die Holzplatinen schwarz bemalen und trocknen lassen.

3. Die Fledermausflügel und -ohren von den Vorlagen 9 a, b auf schwarzen Tonkarton übertragen. Zum Vorlagenübertragen siehe Beschreibung auf Seite 4. Die Flügel ausschneiden und zwischen die Klammernhälften kleben.

4. Auch die Ohren ausschneiden. Die Vampirzähne frei aus weißem Tonkarton schneiden. Ohren und Zähne auf die Klammern kleben. Die Holzplatinen darauf befestigen.

5. Die Holzperlen auf die Platinen kleben. Die Perlenöffnung mit einem Klecks Kraftkleber verschließen und trocknen lassen. Die Füllung mit dem Stift übermalen. Die Augen mit dem weißen Stift aufsetzen.

6. Die Geister aus weißem Tonkarton nach Vorlage 9 c fertigen. Augen und Mund mit dem Feinliner aufmalen. Auf den Klammern fixieren.

7. Die Kürbisköpfe aus orangefarbenem Tonkarton nach Vorlage 9 d fertigen. Die Kürbisgesichter mit schwarzem Filzstift aufmalen. Die Kürbisse auf die Klammern kleben.

8. Einen Zweig mit Steckmoos in den Tontopf stecken. Das Steckmoos kann mit kleinen Kieselsteinen oder anderen schmückenden Dingen abgedeckt werden. Die Halloween-Figuren am Zweig festklemmen.

Material

- *5 Mini-Holzklammern, 45 x 7 mm (Geister und Kürbisse)*
- *4 Mini-Holzklammern, 45 x 13 mm (Fledermäuse)*
- *4 Holzplatinen, gewölbt, Ø 15 mm (Fledermausköpfe)*
- *4 Holzperlen in Rot, Ø 3 mm*
- *Marabu-Decormatt Acryl in Schwarz*
- *Pinsel Nr. 6 und Nr. 8*
- *Marabu-Deco Painter in Weiß und Rot*
- *Tonkarton in Schwarz, Weiß, Orange*
- *Feinliner in Schwarz*
- *Filzstift in Schwarz*
- *1 Zweig, Steckmoos*
- *1 Tontopf (Größe richtet sich nach Zweig und Motivanzahl)*
- *Kieselsteine oder Ähnliches*
- *Transparentpapier*
- *Bleistift, Schere*
- *Kraftkleber*

Vorlage 9

21
15
12
11
15
6

8
24
1
3
10

Zeigt her eure Stiefel!

Dieses Modell eines Adventskalenders hat keine Türchen, sondern besteht aus 24 Filz-Säckchen, die mit Überraschungen gefüllt werden. Diese selbstgebastelten Mini-Stiefelchen aus Filz werden dekorativ an einer hübschen, farbigen Leine aufgehängt. Und zwar – wie sonst? – mit selbstgestalteten, bunten Klammern, die abwechselnd mit einem freundlichen Elch oder einem Weihnachtsbaum verziert sind.

Elch-Klammer

1. Die Klammern auseinander nehmen und mit roter, blauer oder brauner Farbe bemalen. Anschließend trocknen lassen. Dann die Klammern wieder zusammensetzen.

2. Für die Arme der Elche das Lederband in 6 cm lange Stücke schneiden. Ein Stück Lederband durch die Metallöse einer Klammer ziehen. Rote oder schwarze Holzperlen mit Klebstoff aufstecken.

3. Nach Vorlage 10 a für den Elchkopf und das Geweih je eine Schablone aus Tonkarton herstellen. Zum Übertragen der Vorlagen auf Karton siehe die ausführliche Erläuterung auf Seite 4.

4. Die Konturen der Köpfe von der hergestellten Schablone auf Canson übertragen und ausschneiden.

5. Die Geweihteile mithilfe der Schablone aus Tonpapier fertigen. Dann auf die Elchköpfe kleben. Die Köpfe liegen dabei mit der körnigen Oberfläche nach oben. Die Augen mit dem Stift aufpunkten. Die Köpfe auf die Klammern kleben.

6. Jede Klammer wird mit einem Stern versehen, auf dem eine Zahl geschrieben steht. Siehe dazu Punkt 3 bis 5 bei Tannenbaum-Klammer.

Material

- *24 Mini-Holzklammern, 45 x 7 mm*
- *Marabu-Decormatt Acryl in Kirschrot, Mittelblau, Dunkelbraun*
- *Pinsel Nr. 6*
- *Tonpapier in Gelb*
- *Motivlocher „Kleiner Stern"*
- *Schreibmaschine*
- *Tonkarton*
- *Transparentpapier, Bleistift, Schere*
- *Klebstoff*
- *dekorative Leine*

Tannenbaum-Klammer

1. Klammern auseinander nehmen und braun bemalen. Nach dem Trocknen wieder zusammenbauen.

2. Nach Vorlage 10 b eine Schablone aus Tonkarton herstellen. Diese jeweils auf tannengrünen Tonkarton übertragen und Bäume ausschneiden.

3. Für die Sterne die Zahlen von 1 bis 24 mit der Schreibmaschine auf das gelbe Tonpapier tippen.

4. Das Papier mit der Schrift nach unten in den Motivlocher schieben, sodass eine Zahl sichtbar wird, wenn man den Locher auf den Kopf dreht. Den Locher etwas andrücken, bis er greift, damit das Papier nicht verrutschen kann. In dieser Position Locher wieder umdrehen und Stern ausstanzen. Mit allen Zahlen derart verfahren.

5. Die Sterne auf die Klammern oder die Tannenbaumspitzen kleben.

Filz-Stiefelchen

1. Nach Vorlage 10 c eine Schablone aus Tonkarton herstellen. Mit dem Bleistift HB die Kontur der Stiefelschablone auf dem Bastelfilz nachfahren. Pro Stiefel zwei Teile zuschneiden.

2. Den tropffreien Klebstoff entlang der Stiefelkanten auftragen. Die Öffnung am Schaft dabei aussparen. Das zweite Stiefelteil darauf kleben.

3. Die Stiefel befüllen und mit den Klammern an die Leine klemmen.

Für Elch
- *Lederband in Rehbraun, Ø 2 mm*
- *Holzperlen in Rot und Schwarz, Ø 8 mm*
- *Marabu-Deco Painter in Schwarz*
- *Tonzeichenpapier (Canson) in Mittelbraun*
- *Tonpapier in Rot, Blau, Grün, Dunkelblau, Braun*

Für Tannenbaum
- *Tonkarton in Tannengrün*

Für Stiefelchen
- *Bastelfilz in Rot, Blau, Grün*
- *Klebstoff (tropffrei)*

Vorlage 10

Wunschzettel-Nikolaus

Nikolaus

1. Die Klammer rot und schwarz bemalen. Trocknen lassen. Die Holzplatine hautfarben, die Wattekugel rot und die Holzhände blau bemalen. Trocknen lassen.

2. Die Wattekugel auf die Platine kleben. Die Augen mit dem Pinselstiel in Schwarz aufsetzen. Die Platine auf die Klammer kleben.

3. Den Chenilledraht spiralförmig gestalten (siehe Tipp auf Seite 5) und mit Heißkleber zwischen die Klammernflügel kleben. Die Holzhände mit Kleber aufstecken.

4. Den Strickschlauch auf 15 cm kürzen. Das untere Ende einschlagen. Die Krempe mit dem Nähgarn und einigen Stichen rundum fixieren. Die Mütze über den Kopf ziehen und mit Klebstoff befestigen. Die Mütze mit etwas Watte auspolstern. Das Schlauchende einschlagen und mit dem Garn mehrmals fest umwickeln, abbinden. Das Garn verknoten. Die Mützenspitze in die gewünschte Position legen und mit ein paar Nadelstichen fixieren.

5. Aus dem Kunstfell den großen Bart zuschneiden und aufkleben. Dann zwei kleine Schnurrbartteile zuschneiden und diese auf das große Bartteil kleben. Die Barthaare eventuell kürzen. Den Besen mit Heißkleber hinter den Händen fixieren.

Wunschzettel

Auf blaues Tonpapier ein Rechteck zeichnen und mit der Konturenschere ausschneiden. Mit dem Painter Linien ziehen. Mit einem oder mehreren Motivlochern Motive aus verschiedenfarbigem Papier ausstanzen und auf den Wunschzettel kleben.

Material

Für den Nikolaus

- *1 Riesen-Holzklammer, 150 mm lang*
- *2 Holzhände mit Armansatz, 20 mm*
- *1 Holzplatine, gewölbt, Ø 50 mm*
- *1 Wattekugel, Ø 12 mm, Zahnstocher*
- *Marabu-Decormatt Acryl in Kirschrot, Hautfarbe, Azurblau, Schwarz*
- *Pinsel Nr. 8*
- *Chenilledraht in Rot, Ø 9 mm*
- *Stricknadel*
- *Kunstfell in Weiß*
- *Strickschlauch in Rot, 4 cm breit*
- *Watte, Nähgarn in Rot, Nähnadel*
- *1 Deko-Reisigbesen, 12 cm lang*
- *Schere, Klebstoff, Heißklebepistole*

Für den Wunschzettel

- *Tonpapier in Blau, Gelb, Rot, Grün*
- *Bleistift, Lineal*
- *Bütten-Konturenschere*
- *Marabu-Brilliant Painter in Silber, 0,8 mm*
- *Motivlocher, z. B. „Kleiner Stern"; „Großer Stern"; „Kleines Herz"; „Kleiner Tannenbaum"*

Glücksboten zum Jahreswechsel

1. Klammern und Holzplatinen gemäß Abbildung bemalen. Trocknen lassen. Wattekugeln auf Zahnstocher stecken, die kleineren haut-, die beiden großen rosafarben bemalen. Trocknen lassen.

2. Schornsteinfeger (Vorlage 11 a): Mit feinem Pinsel Mund aufmalen. Augen und Mundwinkel mit Stift aufsetzen. Wattekugel aufkleben. Mit Farbstift Bäckchen betonen. Kopf auf Klammer kleben. Zwei kleine Bündel aus Kokosfasern mit Draht abbinden und mit Heißkleber hinter dem Kopf fixieren. Zylinder ankleben.

3. Chenilledraht mit Heißkleber zwischen die Klammernteile kleben. Arme in Form biegen. Einen Arm durch die Leiter stecken. Diese mit Heißkleber an der Klammer fixieren. Wattekugeln mit Heißkleber aufstecken. Aus Tonpapier ein Kleeblatt nach Vorlage 11 c sowie Stiel fertigen und auf Klammer kleben. Das 1-Cent-Stück und eventuell einen der Käfer darauf fixieren.

4. Schwein: Knopf auf Platine kleben. Mund aufmalen. Augen und Mundwinkel aufpunkten. Bäckchen mit Stift betonen. Aus Tonkarton Ohren nach Vorlage 11 b fertigen und von hinten gegen den Kopf kleben. Kopf auf Klammer kleben.

5. Wattekugeln seitlich an Klammer kleben. Mit dünner Nadel zwei Löcher in die Seiten pieksen. Ein Stück Draht spiralförmig gestalten (siehe Tipp auf Seite 5) und mit Heißkleber in den Löchern fixieren. Mit dem Motivlocher Kleeblätter aus Tonpapier stanzen und diese mit Heißkleber auf dem Draht fixieren.

6. Schildchen nach Vorlage 11 d aus Tonkarton und -papier schneiden, das Papier mit der Zickzackschere. Teile aufeinander kleben, mit Filzstift beschriften und mit ausgestanzten Kleeblättern verzieren. Auf die Mini-Klammer einen Käfer kleben und an das Schild klemmen. Das Schild in die Schweinchen-Klammer klemmen.

Material

- *2 Holzklammern, 72 x 20 mm*
- *1 Mini-Holzklammer, grün gefärbt, 25 mm*
- *2 Holzplatinen, gewölbt, Ø 30 mm*
- *1 Wattekugel, Ø 8 mm (Nase)*
- *2 Wattekugeln, Ø 10 mm, Zahnstocher*
- *2 Wattekugeln, Ø 12 mm, dünne Nadel*
- *Marabu-Decormatt Acryl in Schwarz, Zartrosa, Hautfarbe*
- *Pinsel Nr. 8 und Nr. 0*
- *Marabu-Deco Painter in Schwarz*
- *Farbstift in Rot, Filzstift in Pink*
- *1 Knopf in Rosa, Ø 8 mm*
- *Kokosfasern in Gelb*
- *dünner Basteldraht, Stricknadel*
- *1 Zylinder, 2,5 cm hoch*
- *Chenilledraht in Schwarz, Ø 9 mm*
- *1 Holzleiter, 7 cm lang*
- *Tonkarton in Rosa*
- *Tonpapier in Hellgrün, Weiß*
- *Motivlocher „Kleines Kleeblatt"*
- *Mini-Käfer (Streuteile), 1-Cent-Stück*
- *Transparentpapier, Bleistift, Schere*
- *Zickzack-Konturenschere*
- *Klebstoff, Heißklebepistole*

Vorlage 11

Viel Glück
im neuen Jahr!

Impressum

Entwürfe und Realisation: Petra Boniberger
Lektorat: Dr. Dorothea Wenninger
Fotos: Hermann Mareth, Offenburg, außer Seite 7: Oswald Visuelle Medien, Schwörstadt
Styling: Ulrike Harter, außer Seite 7: Oswald Visuelle Medien, Schwörstadt
Umschlaggestaltung: Dirk Beestermöller
Entwurf und Illustration „Klipp-Klapper": Stefan Hagen
Layout und Produktion: buchkonzept@web.de
Druck und Verarbeitung: J. P. Himmer, Augsburg

ISBN 3-89858-629-4

Herstellerverzeichnis

Farben und Lacke:
Marabuwerke GmbH & Co.
Asperger Straße 4
71732 Tamm

Hobby-und Bastelbedarf:
Rayher, KnorrPrandell, Heyda,
alle über Hobby- und Bastelfachhandel.

Farbauswahl **Marabu-Decormatt Acryl**

271 Elfenbein	247 Beige	222 Vanille	029 Hautfarbe	224 Pfirsich	221 Mango	020 Zitron	019 Gelb
021 Mittelgelb	013 Orange	024 Lachsrot	030 Zinnoberrot hell	031 Kirschrot	032 Karminrot	004 Granatrot	034 Bordeaux
231 Wildrose	033 Pink	014 Magenta	241 Azalee	237 Zartrosa	050 Violett rötl.	089 Krokus	007 Lavendel
051 Violett dkl.	039 Aubergine	291 Arktis	292 Zartblau	090 Hellblau	056 Cyan	095 Azurblau	052 Mittelblau
257 Royalblau	055 Ultramarin-blau dkl.	053 Dunkelblau	058 Pariserblau	259 Antikblau	260 Taubenblau hell	059 Bayrisch-blau	290 Türkis
091 Karibik	096 Smaragd	066 Gelbgrün	062 Hellgrün	067 Saftgrün	068 Dunkelgrün	075 Tannengrün	065 Olivgrün
266 Antikgrün	277 Mistel	276 Schilf	061 Reseda	245 Milchkaffe	042 Sand	047 Hellbraun	040 Mittelbraun
045 Dunkel-braun	008 Terracotta	278 Hellgrau	079 Dunkelgrau	070 Weiß	073 Schwarz		
782 Metallic-Silber	784 Metallic-Gold	787 Metallic-Kupfer	733 Metallic-Rosa	750 Metallic-Violett	752 Metallic-Blau	767 Metallic-Grün	772 Metallic-Anthrazit